Acti-Vie 3

Explorons l'univers!

IRÈNE BERNARD
Conceptrice de la série
Rédactrice et auteure principale
Université St. Francis Xavier

BEVERLEY BIGGAR
Rédactrice et auteure

NANCY DESROSIERS
Auteure
La commission scolaire de l'Ouest
de l'Île-du-Prince-Édouard

gage
EDUCATIONAL PUBLISHING COMPANY
A DIVISION OF CANADA PUBLISHING CORPORATION
Vancouver · Calgary · Toronto · London · Halifax

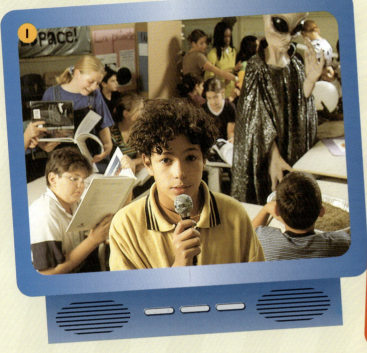

Un modèle du système solaire par Anita et Natalia.

Une expérience sur les météores et les cratères par Tony et Dana.

Un projet de recherche sur la planète Jupiter par Vesna et Ross.

Une démonstration des phases de la Lune par Lucille et Bram.

Un modèle du système solaire

La Terre est la troisième planète.

Vénus est la deuxième planète. Elle est la planète la plus proche de la Terre.

Mercure est la première planète. Elle est la planète la plus proche du Soleil.

Il y a neuf planètes dans le système solaire.

Voici un modèle du système solaire. Le Soleil est au centre du système solaire.

POUR indiquer les positions extrêmes

Mercure est la planète **la plus proche** du Soleil.

Pluton est la planète **la plus éloignée** du Soleil.

Un modèle du système solaire par Anita et Natalia.

4

Mars est la quatrième planète.

Jupiter est la cinquième planète.

Saturne est la sixième planète.

Uranus est la septième planète.

Neptune est la huitième planète. Elle est la planète la plus proche de Pluton.

Les neuf planètes tournent autour du Soleil.

Pluton est la neuvième planète. Pluton est la dernière planète du système solaire. Elle est la planète la plus éloignée du Soleil.

Comment faire un modèle du système solaire

Mercure est orange. Elle est couverte de cratères. C'est une petite planète.

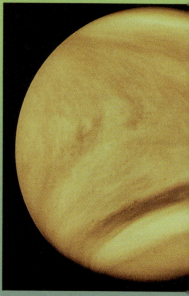

Mars est orange foncé. On l'appelle la planète rouge. Elle a des motagnes, des cratères et des vallées.

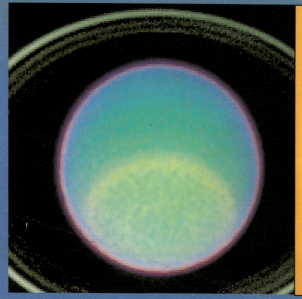

Uranus est d'un bleu verdâtre. Elle a quinze lunes.

Vénus est d'un jaune brunâtre. Elle est entourée de nuages. Vénus a des montagnes et des volcans.

La Terre est couverte d'eau. C'est pourquoi on l'appelle la planète bleue. Elle a une lune.

Jupiter est orange, jaune et brune. Elle a une grande tache rouge. C'est une grosse planète.

Saturne est entourée d'anneaux épais et colorés. Elle est d'une couleur jaune.

Neptune est bleue. Elle a des taches blanches. Neptune est entourée de nuages.

Découverte seulement en 1930, Pluton est très petite. On ne connaît pas la couleur exacte de Pluton.

101
cent un

Des informations sur les planètes

201
deux cent un

881
huit cent
quatre-vingt-un

300
trois cents

InfoPlus

Quelle est la température sur chaque planète?

°C
500
450
400
350
300
250
200
150
100
50
0
-50

480°C - Mercure
450°C - Vénus
22°C - la Terre
-23°C - Mars
-150°C - Jupiter
-190°C - Saturne
-214°C - Uranus
-220°C - Neptune
-230°C - Pluton

368
trois cent
soixante-huit

100
cent

La température sur Mercure est de quatre cent quatre-vingts degrés Celsius.

La température sur Pluton est de moins deux cent trente degrés Celsius.

999
neuf cent
quatre-vingt-dix-neuf

671 six cent soixante et onze

130 cent trente

780 sept cent quatre-vingts

InfoPlus

Chaque planète fait un tour autour du Soleil en combien de temps?

Pluton

Neptune

Uranus

Saturne

Jupiter

Mars

la Terre

Vénus

Mercure

Mercure	-	88 jours
Vénus	-	224 jours
la Terre	-	365 jours
Mars	-	687 jours
Jupiter	-	12 ans
Saturne	-	30 ans
Uranus	-	84 ans
Neptune	-	165 ans
Pluton	-	248 ans

Mars fait un tour autour du Soleil en six cent quatre-vingt-sept jours.

200 deux cents

245 deux cent quarante-cinq

425 quatre cent vingt-cinq

570 cinq cent soixante-dix

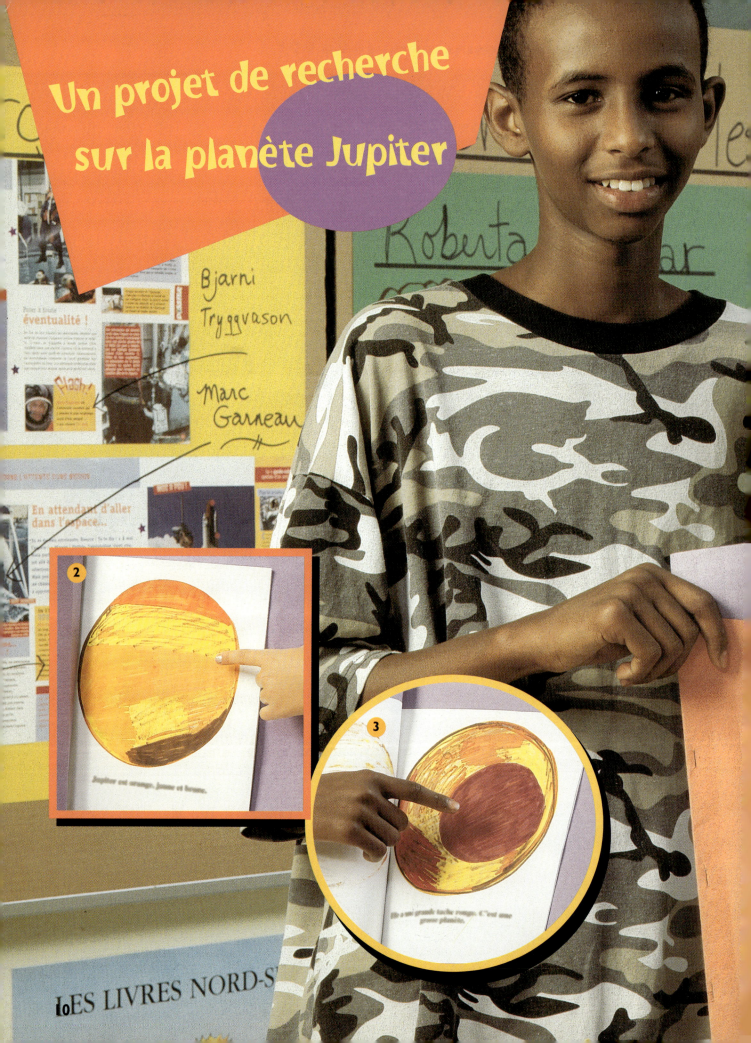

2

Jupiter est orange. Jaune et brune.

3

Elle a une grande tache rouge. C'est une grosse planète.

LES LIVRES NORD-S

La planète Jupiter

par Vesna et Ross

Elle a une grande tache rouge. C'est une grosse planète.

← Jupiter −150°C

Il fait très froid sur Jupiter. La température est de −150°C.

Jupiter

le Soleil

douze ans

Jupiter fait un tour autour du Soleil en douze ans.

Une démonstration des phases de la Lune

Une démonstration des phases de la Lune par Lucille et Bram.

Quand la Lune est entre le Soleil et la Terre, c'est la nouvelle Lune.

la Terre

la Lune

le Soleil

Voici la Terre et voici la Lune. La Lune tourne autour de la Terre.

C'est la Lune!

Chantée par Claude Michel et ses amis

Quand la lune est
entre le Soleil et la Terre,
c'est la nouvelle Lune!

Quand la Lune est
de ce côté de la Terre,
c'est le premier quartier!

Quand la Lune est
derrière la Terre,
c'est la pleine Lune!

Quand la Lune est
de l'autre côté de la Terre,
c'est le dernier quartier!

L'hypothèse : Les météores les plus rapides font les cratères les plus profonds.

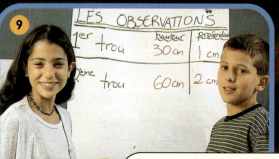

Les conclusions : La bille la plus rapide fait le trou le plus profond, donc les météores les plus rapides font les cratères les plus profonds.

Une expérienc et les

Les observations...

3 Le matériel...

4 La méthode...

sur les météores
atères

5

6

Quatre astronautes canadiens

Roberta Bondar

- née le 4 décembre 1945 à Sault-Ste-Marie en Ontario
- première Canadienne à voyager dans l'espace
- fait un voyage dans l'espace à bord de la navette *Discovery* en 1992
- fait des expériences sur les effets du voyage dans l'espace sur les humains

Marc Garneau

- né le 23 février 1949 à Québec au Québec
- premier Canadien à voyager dans l'espace
- fait son premier voyage dans l'espace à bord de la navette *Challenger* en 1984
- récupère un satellite avec le Canadarm durant une mission à bord de la navette *Endeavour* en 1996

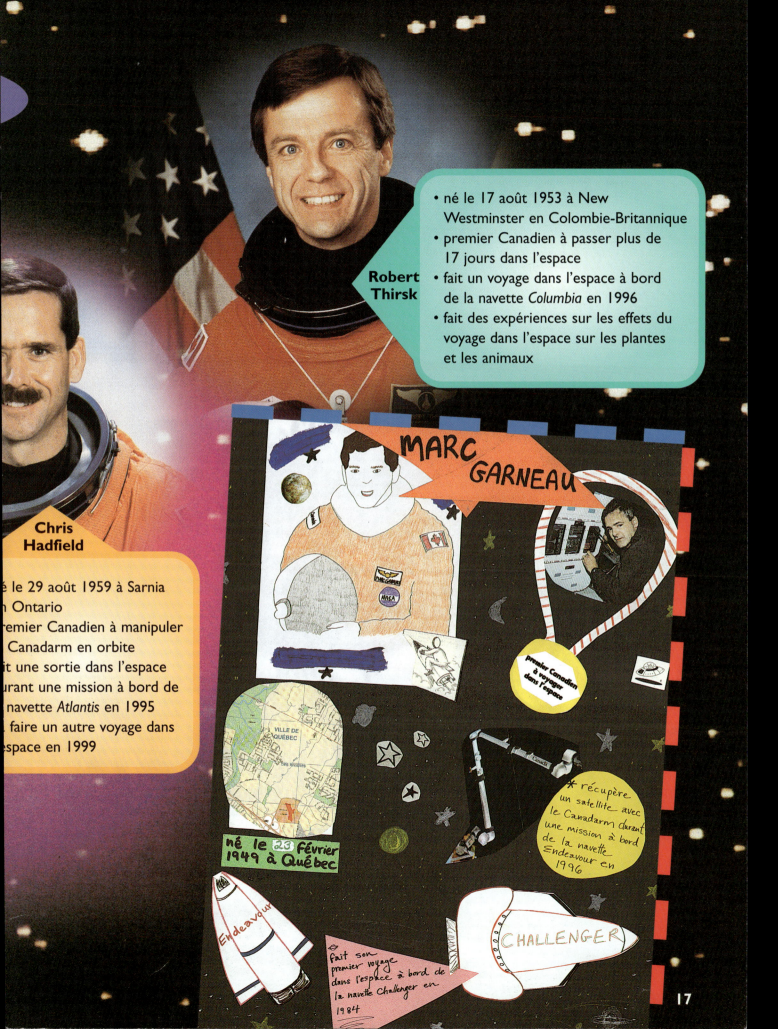

Robert Thirsk

- né le 17 août 1953 à New Westminster en Colombie-Britannique
- premier Canadien à passer plus de 17 jours dans l'espace
- fait un voyage dans l'espace à bord de la navette *Columbia* en 1996
- fait des expériences sur les effets du voyage dans l'espace sur les plantes et les animaux

Chris Hadfield

né le 29 août 1959 à Sarnia en Ontario
premier Canadien à manipuler le Canadarm en orbite
fait une sortie dans l'espace durant une mission à bord de la navette *Atlantis* en 1995
à faire un autre voyage dans l'espace en 1999

MARC GARNEAU

Premier Canadien à voyager dans l'espace

VILLE DE QUÉBEC

né le 23 février 1949 à Québec

* récupère un satellite avec le Canadarm durant une mission à bord de la navette Endeavour en 1996

Endeavour

CHALLENGER

fait son premier voyage dans l'espace à bord de la navette Challenger en 1984

Quatre centres des sciences au Canada

Nom : Le Planétarium de Montréal
Lieu : Montréal (Québec)
Choses à faire : Regardez les films multimédia et les animations *Seuls dans l'univers?, Message extraterrestre, Perdus dans l'espace...*

Nom : Le Centre des sciences de l'Ontario
Lieu : Toronto (Ontario)
Choses à faire : Voyagez sur la Lune en pilotant un fauteuil spatial; Explorez notre système solaire; Voyez un laser couper du verre...

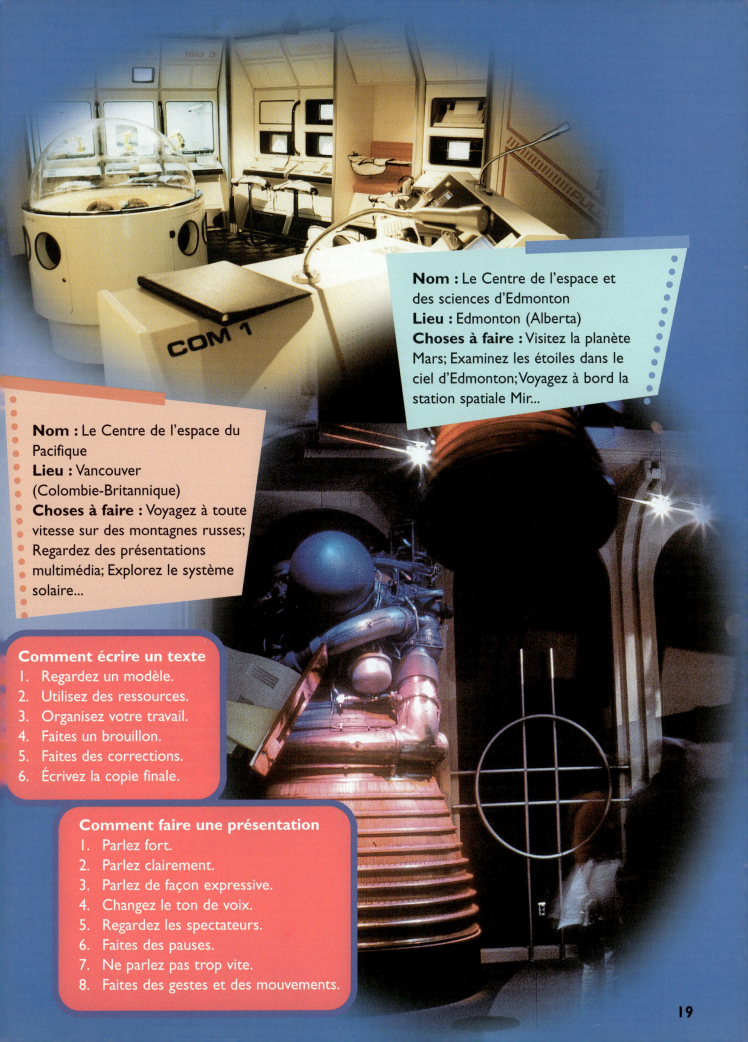

Nom : Le Centre de l'espace et des sciences d'Edmonton
Lieu : Edmonton (Alberta)
Choses à faire : Visitez la planète Mars; Examinez les étoiles dans le ciel d'Edmonton; Voyagez à bord la station spatiale Mir...

Nom : Le Centre de l'espace du Pacifique
Lieu : Vancouver (Colombie-Britannique)
Choses à faire : Voyagez à toute vitesse sur des montagnes russes; Regardez des présentations multimédia; Explorez le système solaire...

Comment écrire un texte
1. Regardez un modèle.
2. Utilisez des ressources.
3. Organisez votre travail.
4. Faites un brouillon.
5. Faites des corrections.
6. Écrivez la copie finale.

Comment faire une présentation
1. Parlez fort.
2. Parlez clairement.
3. Parlez de façon expressive.
4. Changez le ton de voix.
5. Regardez les spectateurs.
6. Faites des pauses.
7. Ne parlez pas trop vite.
8. Faites des gestes et des mouvements.

À l'observatoire

Chantée par Claude Michel et ses amis

Astronomix,
Oh, oui, c'est moi,
Grand astronome,
À l'observatoire là-bas!

Quand c'est le soir,
Et qu'il fait noir,
Venez me voir
À l'observatoire.

Quand c'est le soir,
Et qu'il fait noir,
Venez me voir
À l'observatoire.

Les étoiles dans le ciel,
Elles sont vraiment belles,
Sensationnelles,
Quand le ciel est noir.

Astronomix,
Oh, oui, c'est moi,
Grand astronome,
À l'observatoire là-bas!

J'observe les planètes,
Les météores, les comètes,
C'est vraiment chouette
Quand le ciel est noir.

La Lune dans le ciel,
Pleine ou nouvelle,
Est de couleur miel,
Quand le ciel est noir.